Gestion & Marketing I numéro **21**

LA MATRICE SWOT
ET LA STRATÉGIE D'ENTREPRISE

—— Comment analyser les options stratégiques envisageables ?

par Christophe Speth

50MINUTES

LA MATRICE SWOT

DONNÉES-CLÉS

- **Dénomination(s) ?** La matrice ou l'analyse SWOT, qui correspond à l'acronyme anglais des termes *Strengths* (forces), *Weaknesses* (faiblesses), *Opportunities* (opportunités) et *Threats* (menaces)
- **Usage(s) ?** Ce modèle permet à une organisation (entreprise, administration publique ou association) d'identifier rapidement les facteurs tant internes, liés à son fonctionnement interne, qu'externes, dépendants de l'environnement dans lequel elle évolue. Outil d'aide à la décision, la matrice SWOT facilite l'élaboration d'un plan stratégique.
- **Raison(s) de son efficacité ?** La grande force de l'analyse SWOT réside dans sa simplicité. En plus d'être facile à utiliser, elle permet de dégager des résultats qui peuvent être communiqués à un public non initié sans grande difficulté.
- **Mots-clés ?**
  - <u>Facteur externe</u> : élément lié à l'environnement dans lequel évolue une organisation, sur lequel celle-ci ne peut directement avoir un impact
  - <u>Facteur interne</u> : élément sur lequel une organisation a de l'emprise. Elle peut donc l'influencer et/ou le modifier
  - <u>Forces (*Strengths*)</u> : facteurs internes détenus par l'entreprise qui renforcent le positionnement concurrentiel d'une organisation
  - <u>Faiblesses (*Weaknesses*)</u> : facteurs internes qui affaiblissent le positionnement concurrentiel d'une organisation
  - <u>Opportunités (*Opportunities*)</u> : facteurs externes qui influencent ou pourraient influencer positivement la position concurrentielle d'une organisation

- ◦ <u>Menaces (*Threats*)</u> : facteurs externes qui influencent négativement l'environnement externe d'une organisation.

INTRODUCTION

Historique

L'analyse SWOT puise ses origines dans l'ouvrage *Business Policy. Text and Cases* (1965), rédigé par quatre professeurs de l'Université de Harvard – Edmund Philip Learned (1900-1991), Roland Chris Christensen (1919-1999), Kenneth Richmond Andrews (1916-2005) et William D. Guth. Cette matrice est l'un des premiers modèles qui s'intéressent à l'environnement externe d'une organisation. Jusqu'alors, les modèles de stratégie avaient en effet plutôt tendance à se cantonner à la planification stratégique, sans vraiment tenir compte de son environnement.

Si de nos jours, la matrice d'analyse SWOT est principalement utilisée dans les départements marketing des grandes entreprises, beaucoup de PME l'emploient également comme outil d'aide à la décision.

Il est intéressant de relever que de nombreux cabinets de consultance recourent à la matrice SWOT, car cette dernière leur permet d'analyser rapidement et de présenter de manière schématique et simplifiée la situation à leurs clients. D'autres cabinets, tels que BCG et McKinsey, possèdent leur propre modèle d'analyse.

Définition

La matrice SWOT est un outil d'analyse stratégique multidimensionnel :

- d'une part, elle permet de distinguer les facteurs internes d'une organisation (forces et faiblesses) et les facteurs externes liés à l'environnement dans lequel elle évolue (opportunités et menaces) ;

- d'autre part, elle permet de trier les facteurs identifiés en fonction de l'impact espéré, pouvant être positif (forces et opportunités) ou négatif (faiblesses et menaces).

Une matrice SWOT n'a aucune valeur intrinsèque. Seule l'utilisation de celle-ci dans une optique stratégique justifie sa réalisation.

THÉORIE – LA MATRICE SWOT

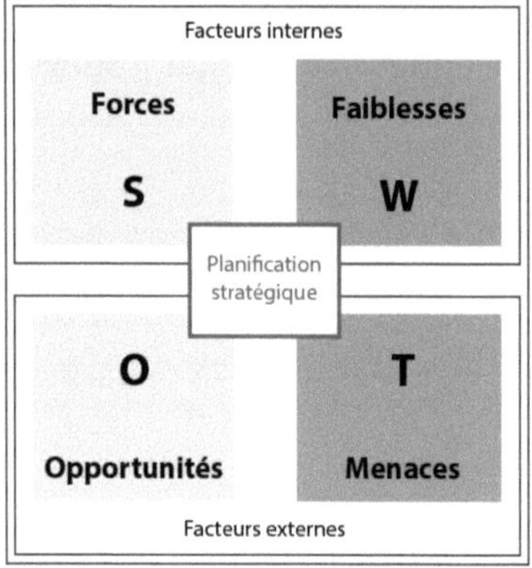

Représentation d'une matrice SWOT

La matrice SWOT permet de faire l'état des lieux de la situation d'une organisation à un moment donné, dans une optique prospective plutôt que rétrospective. Il s'agit donc d'analyser la situation d'une structure tout en gardant à l'esprit les perspectives d'avenir de celle-ci. La matrice SWOT se focalise ainsi à la fois sur le fonctionnement interne (forces et faiblesses) et sur l'environnement externe (opportunités et menaces) d'une organisation.

- **Les forces** sont donc des facteurs spécifiques à une organisation qui influencent positivement son évolution et sa position concurrentielle. D'une manière générale, on considère que les forces sont d'autant plus significatives qu'elles ne caractérisent pas la concurrence. L'utilisation de la matrice SWOT permet donc de mettre le doigt sur les avantages concurrentiels que détient une entreprise sur ses concurrents.

- **Les faiblesses** sont également liées au fonctionnement interne d'une organisation, mais ont en général un impact négatif sur son évolution et sa position concurrentielle. Le fait de déterminer clairement les faiblesses internes d'une organisation est primordial : cela permet de travailler à une amélioration des points concernés et de réorienter les activités pour les rendre moins vulnérables.
- **Les opportunités** dépendent quant à elles de l'environnement externe d'une organisation. Elles peuvent être exploitées pour améliorer son évolution et sa position concurrentielle. Sitôt fait, elles deviennent alors des forces qui influencent favorablement le développement de l'organisation.
- **Les menaces** relèvent aussi de l'environnement externe d'une organisation. Leur identification est souvent le fruit d'un travail de veille stratégique. Lorsqu'elles sont détectées à temps, les menaces peuvent être mieux anticipées par l'organisation et les impacts sur la performance réduits, voire inversés.

Dans certains cas, des menaces peuvent devenir des forces, de même que des opportunités peuvent devenir des faiblesses. En effet, étant donné que l'organisation n'évolue pas seule dans son environnement, son avenir dépend également des décisions prises par la concurrence.

LES FACTEURS QUI INFLUENCENT L'ÉVOLUTION D'UNE ORGANISATION

Au niveau du fonctionnement interne, plusieurs caractéristiques sont à prendre en compte pour recenser les forces et les faiblesses d'une organisation, dont notamment :

- **la compétitivité-coût.** Un des premiers aspects qui permet à une entreprise d'être compétitive est bien entendu sa capacité à comprimer ses coûts. Pour maîtriser ses coûts, elle doit notamment surveiller l'efficacité de la technique de production (serait-il possible de produire plus avec moins ?) ainsi que celle de l'allocation des ressources (faut-il substituer du capital au travail ?). Il va sans dire qu'un conflit peut exister entre compétitivité-coût et protection du droit des travailleurs. Par exemple, si une application moindre des normes sociales et environnementales peut permettre de réduire les coûts, ce n'est pas pour autant qu'elle n'aura pas d'impact (négatif) sur les travailleurs ;

- **le réseau et la capacité de distribution.** La structure dispose-t-elle d'un circuit de distribution performant ? En particulier, parvient-elle à assurer une livraison de qualité (taux élevé de produits qui arrivent à temps, faible taux de casse, faible taux d'erreur, etc.) ? Parvient-elle à rationaliser les coûts de distribution (coût global du stockage et du transport des marchandises suffisamment bas) ? Apparu au cours des dernières décennies, un élément de réponse à la question du compromis entre qualité des produits, délai de livraison et coûts de distribution consiste à préconiser une diminution des niveaux de stockage. Cette stratégie est souvent fondée sur une utilisation accrue des nouvelles technologies de l'information et de la communication (NTIC). Dans ce contexte, on parle parfois de « production en flux tendu », ce qui signifie que l'on produit un bien lorsqu'il est commandé par le client et que celui-ci est livré dans un temps très court grâce à un circuit de distribution performant ;
- **le marketing et les ventes.** Le département marketing joue également un rôle crucial dans le succès d'une entreprise. Est-il en mesure d'anticiper les besoins des consommateurs ? Est-il capable de mettre en place des campagnes publicitaires permettant d'attirer ceux-ci ? Une bonne stratégie marketing constitue ainsi une force indéniable pour l'entreprise ;
- **les moyens financiers.** Une solidité financière suffisante constitue un réel atout pour une organisation. La capacité à réunir des liquidités joue en effet un rôle majeur, car celles-ci sont indispensables pour mettre en œuvre n'importe quel projet d'expansion ;

- **les ressources humaines.** La gestion des ressources humaines, enfin, est un aspect souvent négligé par les entreprises, les administrations publiques et les associations. Il est pourtant important que chaque structure possède en son sein un certain nombre de compétences-clés. Il peut donc être préférable pour une organisation de passer un peu plus de temps à chercher la bonne personne plutôt que de recruter en urgence un candidat qui ne convient pas au poste à pourvoir. D'une manière plus générale, il est crucial pour les entreprises d'instaurer un système de communication permettant une relation de travail optimale entre collaborateurs ;
- **la politique d'innovation.** À un niveau plus stratégique, et dans l'économie qui est la nôtre, de plus en plus d'entreprises – et d'universités – s'évertuent désormais à breveter un maximum d'innovations. La possession de brevets doit aussi s'accompagner d'une vision stratégique qui permettra à leurs ingénieux détenteurs de se représenter l'utilité et la valeur de leurs innovations, arguments de poids lors des négociations d'exploitation de leurs procédés brevetés avec d'autres entreprises.

Au niveau de l'environnement externe également, plusieurs facteurs influencent les opportunités et les menaces auxquelles une organisation fait face, dont notamment :

- **le climat économique.** La présence ou non d'une croissance économique forte a évidemment un impact sur la situation des diverses organisations. Une activité économique soutenue permet souvent à une entreprise performante d'accélérer sa croissance. De manière similaire, une entreprise en difficulté qui perd des parts de marché peut parfois éviter la faillite en cas de croissance économique rapide, car cette dernière peut partiellement compenser les faiblesses de l'entreprise. On peut tirer les conclusions inverses en cas de récession économique ;

- **les grandes tendances des consommateurs.** Un autre aspect qui ne doit pas être négligé par les entreprises est l'évolution des besoins des consommateurs. Si l'offre de valeur de celles-ci est en phase avec les nouveaux besoins, l'évolution est positive. Au contraire, si les besoins s'éloignent de leur offre de valeur, l'évolution est négative. Pour éviter le deuxième cas de figure, le département marketing peut tenter d'anticiper ces évolutions grâce à l'utilisation de divers outils tels que le cycle de vie du produit qui articule les différentes phases que connaît un produit (développement, lancement, croissance, maturité et déclin) ;
- **l'environnement concurrentiel.** L'évolution de l'environnement concurrentiel joue également un rôle-clé. Des concurrents plus performants, plus nombreux, ou plus disposés à rentrer dans une guerre de prix peuvent avoir un impact négatif sur la profitabilité d'une entreprise ;
- **l'environnement réglementaire.** L'évolution de la réglementation peut aussi constituer une menace si une structure n'est pas prête à y faire face. Dans certains cas en revanche, elle permet aux entreprises de s'affirmer face à ses concurrents, si ceux-ci sont moins bien organisés pour y répondre.

Maintenant que vous maîtrisez les fondements théoriques de l'analyse SWOT, vous pouvez vous amuser à structurer votre propre matrice en tant qu'étudiant ou travailleur. Si vous êtes en train de faire vos études par exemple, il se peut que vous ayez une excellente culture générale (force), mais que vous peiniez parfois à exprimer vos idées par écrit (faiblesse). En tant qu'étudiant, vous avez également accès à un grand nombre d'opportunités (séjour Erasmus, implication dans une association, etc.). L'évolution du coût de la vie peut néanmoins vous causer du tort (menace).

LIMITES DU MODÈLE ET EXTENSIONS

CRITIQUES

Les théoriciens et les praticiens s'accordent généralement pour dire que les résultats d'une analyse SWOT doivent être interprétés avec précaution. En effet, si l'utilisation de la matrice SWOT permet d'effectuer une analyse rapide de la situation, celle-ci reste néanmoins grossière et incomplète. De plus, les différentes facettes de l'analyse SWOT ne s'excluent pas nécessairement l'une l'autre.

À titre d'exemple, une nouvelle réglementation peut être à la fois perçue comme une menace et une opportunité pour une entreprise. Les consultants Terry Hill et Roy Westbrook ont publié un article séminal « SWOT Analysis: It's Time for a Product Recall » qui met en lumière les limites inhérentes à une analyse SWOT.

- Tout d'abord, celle-ci demeure essentiellement descriptive, et il a été montré que dans certains cas cela la rend inefficace car elle ne permet pas de guider un processus décisionnel dans un sens ou un autre. Le diagnostic d'une analyse SWOT peut être excellent, pourtant si les décisions prises en aval ne sont pas bonnes ou ne sont pas correctement implémentées, elle ne sert à rien. On voit donc que l'analyse SWOT n'est pas réellement source d'avantage compétitif.
- Par ailleurs, on ne peut négliger les coûts engendrés par la mise en œuvre d'une analyse SWOT, car celle-ci requiert de rémunérer des consultants internes et/ou externes. Ainsi, il est parfois préférable de ne pas s'enfermer dans un paradigme managérial qui limite par ailleurs la créativité.

- Un autre risque réside dans le fait de ne pas hiérarchiser les facteurs identifiés par l'analyse SWOT en fonction de leur importance, et de se focaliser sur des détails sans intérêt majeur. Outre le temps perdu, cela peut avoir un impact catastrophique sur une organisation si celle-ci dépense encore davantage de ressources pour éliminer des problèmes marginaux.

AUTRES MODÈLES

D'autres modèles semblent tout aussi performants que la matrice SWOT et facilitent également la prise de décision. Le modèle des cinq forces de Michael E. Porter (universitaire américain, né en 1947) évalue par exemple les contraintes auxquelles une industrie est soumise. D'autres permettent quant à eux de se focaliser sur l'interaction stratégique entre compétiteurs (ex. : les décisions liées à la quantité produite et à la fixation des prix). Bien qu'ils fournissent une approche moins globale, ils sont néanmoins d'une puissance rare pour évaluer la puissance de la concurrence au sein des industries analysées.

Les cinq forces de Porter

Le modèle des cinq forces de Porter permet donc à une entreprise d'analyser son environnement concurrentiel. Il cible ainsi cinq sources susceptibles d'influencer le paysage concurrentiel d'une industrie.

- La contrainte la plus évidente à laquelle une entreprise doit faire face est bien entendu **l'existence de concurrents directs**. L'intensité de la rivalité entre entreprises ne dépend cependant pas systématiquement du nombre d'entreprises qui se font concurrence : il est tout à fait possible que deux entreprises d'une industrie A se lancent dans une guerre de prix alors que quatre entreprises d'une industrie B forment un cartel stable et profitable.

- **La menace de nouveaux entrants** peut également dissuader une entreprise de fixer des prix trop élevés, même en cas de monopole. Cette menace n'est toutefois pas crédible si les barrières à l'entrée et à la sortie d'une industrie sont trop importantes par rapport au bénéfice retiré. Certaines entreprises investissent dans une capacité excédentaire afin de produire plus si un concurrent s'installe (ce qui a pour effet de diminuer les prix et donc de réduire le profit des nouveaux entrants). Les nouveaux entrants étant généralement au courant d'une telle capacité excédentaire, ils sont moins enclins à se lancer.

- Par ailleurs, les entreprises doivent être attentives **aux produits et aux services qui peuvent se substituer** à leur offre. Si l'on prend l'exemple des transports sur moyenne et longue distance (entre 300 et 1 000 km), le TGV est devenu en Europe de l'Ouest un sérieux substitut à l'aviation au cours des dernières décennies (ce qui a par la suite poussé à une rationalisation du secteur aérien avec l'émergence d'opérateurs *low cost* comme *Ryanair* et *easyJet*).

- Enfin, **le pouvoir de négociation des fournisseurs et des clients** peut avoir un impact décisif sur la profitabilité d'une entreprise. Sans être exhaustif, on peut dire que les clients et les fournisseurs peuvent obtenir un meilleur prix lorsqu'ils sont moins nombreux et lorsqu'ils sont de potentiels nouveaux entrants sur le marché de l'entreprise avec laquelle ils traitent.

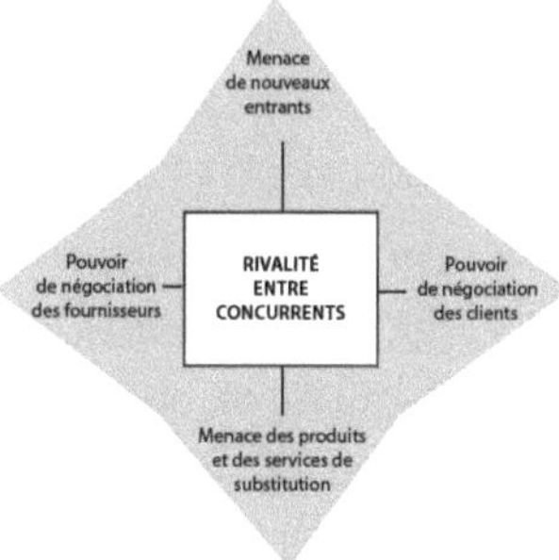

Représentation du modèle des
cinq forces de Porter

Concurrence oligopolistique et présence de cartels

Certains modèles économiques permettent de s'intéresser à l'interaction stratégique entre entreprises.

- **Le modèle d'Antoine Augustin Cournot** (mathématicien et philosophe français, 1801-1877) est conçu pour analyser la concurrence de type oligopolistique (propre à un marché caractérisé par un petit nombre de vendeurs pour un grand nombre d'acheteurs). Il est généralement utilisé lorsque les entreprises décident des quantités à produire, décision prise en fonction de l'influence qu'elles pourraient détenir sur la politique de prix. Les entreprises actives dans l'industrie automobile, par exemple, peuvent difficilement augmenter leur capacité de production à court terme (construire une usine prend du temps). Pour un nombre de compétiteurs donné, la pression concurrentielle dans une industrie à la Cournot est généralement considérée comme moyenne et limitée.
- À l'inverse, **le modèle de Joseph Louis François Bertrand** (mathématicien et économiste français, 1822-1900) est utilisé lorsque les entreprises décident des niveaux de prix et peuvent ensuite augmenter ou diminuer la quantité produite très facilement. Lorsqu'il y a concurrence à la Bertrand, deux entreprises suffisent pour que les profits soient nuls, car elles se lanceront inévitablement dans une véritable guerre des prix. En règle générale, ce sont les entreprises actives dans des industries où il est facile de modifier la quantité produite à court terme qui sont concernées par un tel type de concurrence (ex. : l'industrie du textile). En général, pour peu qu'il y ait au moins deux compétiteurs, la pression concurrentielle dans une industrie de type Bertrand est très forte. De telles industries sont donc plutôt répulsives au premier abord.

- Il est aussi possible pour les entreprises actives au sein d'une industrie – bien que ce soit illégal – de se mettre explicitement d'accord pour limiter la concurrence. C'est ce qu'on appelle **un cartel organisé**. À l'inverse, une entente tacite n'est pas illégale et est par définition impossible à prouver. Si un cartel est stable, le profit joint des entreprises concernées sera égal au profit du monopoleur. Sans être exhaustif, on peut dire que les conditions suivantes facilitent la formation d'un cartel :
    - un faible nombre d'entreprises ;
    - une capacité à détecter et à punir rapidement ceux qui ne respectent pas l'accord ;
    - suffisamment de patience de la part des entreprises qui participent à l'entente.

LES CINQ ÉTAPES À SUIVRE POUR RÉUSSIR L'ANALYSE SWOT

1. **Recenser les forces.** Pour commencer, il faut repérer les éléments qui ont une influence positive sur la performance d'une organisation et qui sont liés à son fonctionnement interne. Comme cela a déjà été exposé dans la section consacrée à la présentation du modèle, il convient de réaliser rigoureusement ce recensement en passant au peigne fin ce qui caractérise la situation financière de l'organisation, la performance de son circuit de distribution, son image de marque, etc.

2. **Recenser les faiblesses.** Il faut ensuite dégager les éléments qui influencent négativement la performance d'une organisation et qui sont liés à son fonctionnement interne. Une faible capacité à innover, une mauvaise communication et une incapacité à réduire les coûts de la même manière que la concurrence sont autant de faiblesses qui affectent négativement la performance d'une organisation.

3. **Recenser les opportunités.** Lorsque l'on décide de s'intéresser aux opportunités qu'offre un environnement défini, il faut identifier les facteurs externes à une organisation qui pourraient avoir une influence positive sur cette dernière. Les aspects à surveiller sont plus ou moins spécifiques aux organisations (concurrence, contexte économique, légal et démographique, etc.).

4. **Recenser les menaces.** Lorsque l'on veut repérer les menaces présentes dans un environnement défini, il convient d'analyser les facteurs externes à une organisation qui pourraient avoir une influence négative sur cette dernière. Une fois encore, les éléments à surveiller dépendent de la nature de chaque organisation.

5. **Établir un plan d'action stratégique.** Une fois tous les facteurs internes et externes liés au cadre dans lequel évolue une organisation identifiés, la phase de prise de décisions peut être entamée. Parfois, cela peut prendre la forme d'une planification stratégique à long terme. Dans d'autres cas, la matrice SWOT permettra simplement d'accélérer la prise de décision tout en tenant compte du contexte dans lequel évolue l'organisation.

RECOMMANDATIONS

- Il est indispensable d'étayer son raisonnement avec des chiffres, des données et des faits. Un diagnostic trop rapide et bâclé est la meilleure manière de prendre de mauvaises décisions.
- Si possible, il faut aussi essayer de donner un poids à chaque force, faiblesse, opportunité et menace. Cela permet d'éviter que des facteurs négligeables n'influencent inutilement la prise de décision.
- L'analyse SWOT n'a de valeur que si elle est exploitée. Il est donc primordial de s'assurer que les décisions prises sont bien implémentées.
- Lorsque l'on prend des décisions motivées par les résultats d'une analyse SWOT, il faut focaliser ses efforts et ses décisions sur ce que l'organisation peut mettre en place ou contrôler.

ÉTUDE DE CAS – STRUCTURE TOURISTIQUE SITUÉE DANS LE SUD DE LA FRANCE

Nous développons dans cette section une analyse SWOT fictive. L'organisation étudiée est une petite structure touristique gérée par un couple. Celui-ci tient trois chambres d'hôtes situées dans le Sud de la France, à la frontière des Alpes et de la Provence. Labélisées auprès d'un organisme touristique, elles attirent une clientèle majoritairement étrangère, surtout en été. Un des problèmes majeurs auxquels est confrontée cette structure touristique est l'irrégularité des demandes en fonction des saisons. Si le taux d'occupation est en effet proche de 100 % en juillet et en août, il n'atteint pas les 30 % durant le reste de l'année. Ce problème d'occupation est directement lié à l'environnement externe de l'entreprise, puisqu'il va sans dire que le couple qui gère les chambres d'hôtes ne détient aucun contrôle sur les dates de vacances de ses clients. En revanche, d'autres facteurs qui peuvent être ajustés et donc contrôlés en interne influencent également le choix des touristes.

Observons comment une analyse SWOT peut permettre de dégager des pistes d'amélioration pour la structure touristique étudiée.

Analyse de l'environnement externe de l'entreprise – Menaces et opportunités

- **L'évolution de la réglementation** a eu un impact considérable sur la situation de cette petite structure touristique au cours des dernières années. Elle représente une vraie contrainte pour celle-ci, dans la mesure où elle doit parfois débourser des montants élevés pour y satisfaire. On peut par exemple penser aux nouvelles normes de sécurité, qui s'appliquent parfois de la même façon qu'aux grands hôtels, alors que ceux-ci bénéficient d'importantes économies d'échelle (le coût moyen par chambre pour satisfaire aux normes décroît à mesure que le nombre de chambres augmente) et possèdent en général des bâtiments plus modernes.
- **L'évolution de la politique fiscale** dans un pays étranger peut parfois avoir un impact crucial sur les opérations d'une entreprise, et ce de manière très indirecte. Dans le cas de la structure touristique étudiée, qui accueille de nombreux clients belges appartenant à des catégories socio-professionnelles aisées, il est possible que la modification de la fiscalité belge sur les voitures de société ait eu pour conséquence une diminution du taux d'occupation.

En effet, il semblerait que la réforme fiscale en question ait rendu le recours aux voitures de société moins intéressant pour les entreprises belges, qui fournissent en général l'essence gratuitement aux collaborateurs jouissant d'un tel véhicule. L'utilisation de la voiture pour rejoindre le Sud de la France est particulièrement intéressante pour les Belges, surtout avec de jeunes enfants. Aussi, dans la mesure où ce système est moins utilisé, les clients ont tendance à modifier leurs habitudes et à envisager à la fois d'autres moyens de transports et d'autres destinations plus lointaines et moins excentrées. Ce dernier point rejoint la problématique des produits et des services de substitution développée dans le modèle des cinq forces de Porter (ex. : les voyages en avion dont le prix relatif représente une concurrence de taille).

- **L'évolution technologique** constitue à la fois une opportunité et une menace pour le jeune couple. L'émergence de sites web qui permettent de réserver directement une chambre – sans passer par les propriétaires, donc – modifie radicalement la gestion des chambres d'hôtes. Cette révolution technologique constitue une opportunité dans la mesure où ces sites assurent une visibilité accrue et peuvent mettre plus facilement en contact les propriétaires et les touristes. Malheureusement, il est toutefois plus difficile de contrôler sa réputation numérique lorsque l'on fait appel à de tels services. Le recours de plus en plus systématique par les touristes à des sites web pour réserver a pour effet une quasi-disparition des guides papier, dans lesquels l'infrastructure touristique était pourtant très bien référencée.

- **Le rôle des pouvoirs publics dans la promotion touristique de la région.** Les pouvoirs publics ont une influence considérable sur l'attractivité d'une région. Dans le cas de l'établissement touristique étudié, le soutien et la promotion de lieux et/ou d'activités alentour (ex. : lieux naturels remarquables, événements sportifs ponctuels, etc.) par le département par exemple, peuvent permettre d'attirer de nouveaux clients.

- **L'accessibilité par voie aérienne, ferroviaire et routière.** Au vu de la difficulté à accéder à l'établissement touristique, il est recommandé aux gérants de suivre l'évolution de certains dossiers liés à de potentiels investissements dans les infrastructures de transport (ex. : autoroute, ligne ferroviaire, terminal aéroportuaire, etc.).
- **L'environnement économique** défavorable lié à la crise a évidemment eu un impact direct et négatif sur la propension des touristes à partir en vacances : le budget prévu pour les dépenses semble en effet moins important qu'avant 2008. À l'inverse, le retour à une croissance économique soutenue espéré pour les années à venir pourrait avoir un impact positif sur la situation de la structure touristique analysée.

Analyse de l'environnement interne de l'organisation – Forces et faiblesses

- **La satisfaction des touristes.** Le niveau de satisfaction des touristes est bon, voire très bon. Ceci n'est que le symptôme d'une bonne organisation en amont, mais il a son importance, car il permet d'attirer de nouveaux clients grâce au bouche-à-oreille et à la notoriété numérique qui en résulte (bonne image de marque en ligne). Aussi, beaucoup de touristes peuvent être fidélisés et reviennent d'une année à l'autre. Certains sont devenus de véritables ambassadeurs de la structure touristique en question et encouragent leur entourage à y passer leurs vacances.
- **La localisation de la structure touristique** est à la fois attrayante et répulsive. L'isolement géographique du lieu attire certains touristes en quête de repos et de calme, ce qui en fait une force. Cette caractéristique du lieu peut toutefois constituer une faiblesse, dans la mesure où les chambres d'hôte sont difficilement accessibles en transports en commun et sont éloignées des services complémentaires (supermarchés, restaurants, etc.). Par ailleurs, la région est assez peu connue des touristes.

- **La proximité des activités et des services touristiques.**
  La présence d'activités sportives diversifiées et se pratiquant à
  différentes saisons (randonnée pédestre et VTT en été ; ski alpin
  en hiver) à proximité du lieu de séjour constitue une réelle force
  pour l'organisation. De même, la tenue de tables d'hôte permet
  de mettre les touristes en relation. Un grand nombre d'entre eux
  apprécient ce contact social, même si certains préfèrent préserver
  leur intimité.

- **Le type de clients.** Actuellement, l'organisation attire en majeure
  partie des particuliers. Il pourrait donc être intéressant de diversifier le public. La prise de contact avec certaines entreprises
  désireuses d'organiser des séminaires et/ou des sessions de *team
  building* peut-être une solution. Autre possibilité : collaborer
  avec des fournisseurs de services touristiques complémentaires,
  tels que les organisations de randonnées pédestres.

- **La qualité de la connexion Internet.** La connexion Internet,
  lente en raison de l'isolement géographique du lieu, constitue
  une importante faiblesse à l'ère du numérique.

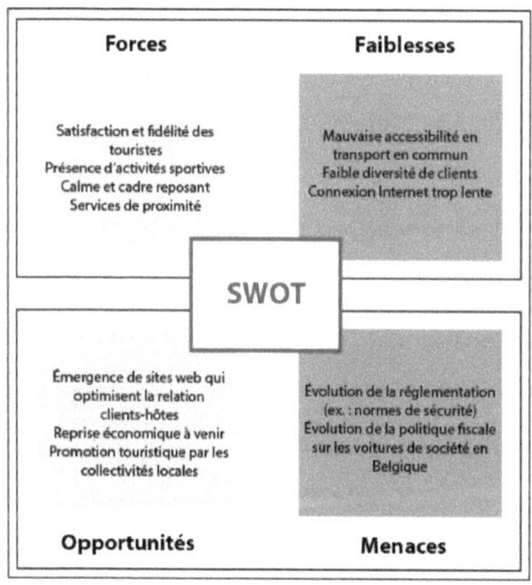

L'analyse SWOT de l'exemple des chambres d'hôte

L'analyse SWOT a permis d'identifier un certain nombre de forces, de faiblesses, d'opportunités et de menaces de l'organisation. Observons maintenant comment la combinaison de ces éléments permet de prendre des décisions stratégiques efficaces. Il est désormais possible de :

- **profiter de certaines opportunités.** L'évolution du contexte technologique doit être prise en compte en regard de la visibilité qu'offre Internet. L'organisation gagnerait à référencer ses chambres d'hôte sur les plateformes où ses prospects (personnes en recherche de lieux de vacances reculés) se trouvent. Étant donné que les consommateurs ont un budget de vacances plus serré qu'auparavant, il peut être intéressant pour l'entreprise d'adapter sa politique tarifaire, en profitant notamment des possibilités offertes par les nouvelles technologies (offres *last minute* par exemple) ;
- **anticiper certaines menaces**. Même si l'évolution du cadre réglementaire peut être considérée comme une menace à court terme, c'est également un frein au développement de nouvelles structures. À long terme, elles forment une excellente barrière à l'entrée et permettent aux acteurs qui s'adaptent au nouveau cadre réglementaire de profiter d'une certaine stabilité au niveau concurrentiel ;
- **consolider certaines forces.** Le bouche-à-oreille pourrait être plus performant si l'organisation communiquait mieux avec ses clients habituels afin de les attirer à d'autres saisons. Leur fidélisation peut être notamment activée par les réseaux sociaux ;
- **remédier à certaines faiblesses.** Pour diversifier sa clientèle, l'entreprise peut proposer certains séjours à des prospects non particuliers (organisation d'un séminaire professionnel au vert, ou d'un séjour à thème, qu'il soit gastronomique, sportif ou autre).

D'autres décisions pourraient encore être prises et d'autres options pourraient sans doute être considérées, mais tout dépendra finalement des priorités que choisiront les responsables de l'organisation.

EN RÉSUMÉ

- La matrice SWOT consiste en une analyse des facteurs qui influencent positivement ou négativement le fonctionnement interne et l'environnement externe d'une structure, qu'il s'agisse d'une entreprise, d'une association ou d'une administration publique.
- Les forces et les faiblesses sont des paramètres spécifiques aux organisations, sur lesquels elles exercent un réel contrôle. La compétitivité-coût joue évidemment un rôle déterminant dans la réussite d'une entreprise. Il ne faudrait toutefois pas négliger le rôle qui est joué par la compétitivité hors coût, et notamment par la capacité à innover.
- Les opportunités et les menaces sont en revanche liées à l'environnement externe des organisations, et ne peuvent pas être contrôlées par celles-ci. On pense souvent au contexte économique (croissance ou récession), mais il ne faut pas négliger d'autres aspects, en général plus spécifiques à une industrie (évolution des besoins, de l'environnement concurrentiel et de la réglementation).
- L'étude des forces, des faiblesses, des opportunités et des menaces doit déboucher sur la prise de décision ou l'adoption d'un plan d'action stratégique.
- Certains conseils sont à suivre lorsque l'on effectue une analyse SWOT : on pense entre autres à la nécessité de se baser sur des faits plutôt que des intuitions. Il est à ce titre crucial d'étayer son analyse par des figures tangibles (ex. : données financières).
- L'analyse SWOT est une méthode actuellement très populaire, notamment au sein du département marketing des grandes entreprises.

- Sa simplicité demeure toutefois une arme à double tranchant. Certains auteurs ont même montré que l'utilisation de la matrice SWOT peut dans certains cas avoir un impact négatif sur la performance d'une organisation, car manquant de rigueur et n'étant pas toujours suivie d'un plan d'action stratégique comme préconisé (selon Terry Hill et Roy Westbrook).
- D'autres modèles ont été développés pour faciliter la mise en place d'une planification stratégique :
  - le modèle des cinq forces, vulgarisé par Michael E. Porter à la fin des années soixante-dix, se focalise notamment sur les contraintes qui influencent négativement la profitabilité d'une entreprise ;
  - autres alternatives à la matrice SWOT élaborées au XIXe siècle, les modèles des économistes français, Antoine Auguste Cournot et Joseph Bertrand, permettent d'analyser finement la concurrence en fonction du contexte qui s'impose.

POUR ALLER PLUS LOIN

- « L'art de (bien) utiliser une matrice SWOT pour convaincre », in *I LIKE PM*, consulté le 6 juin 2014. http://www.ilikepm.com/2010/08/02/lart-de-bien-utiliser-une-matrice-swot-pour-convaincre/
- « Préparer une analyse SWOT », in *BCV*, consulté le 6 juin 2014. http://www.bcv.ch/fr/entreprises/outils_et_conseils/creer_votre_entreprise/d_une_idee_a_un_plan/votre_produit_ou_service_a_t_il_un_potentiel_de_vente_sur_le_marche/preparer_une_analyse_swot
- Bouvier-Patron (Paul), *Entreprise et innovation. Vers l'inter-organisation innovante responsable ?*, Paris, L'Harmattan, 2011.
- « Fiche technique. L'analyse SWOT », in *Université du Québec à Montréal,* consulté le 6 juin 2014. http://www.er.uqam.ca/nobel/r20014/Referentiel/21_Reflexion_Strategique/SWOT.pdf
- Helms (Marilyn M.), « Encyclopedia of Management Theory. SWOT Analysis Framework », *in Sage Knowledge*, 2013, consulté le 6 juin 2014. http://www.sagepub.com/gray3e/study/chapter3/Encyclopaedia%20entries/SWOT_Analysis_Framework.pdf
- Hill (Terry) et Westbrook (Roy), « SWOT Analysis : It's Time for a Product Recall », in *Long Range Planning*, vol. 30, n° 1, février 1997, p. 46-52.
- Lambin (Jean-Jacques) et Moerloose (Chantal de), *Marketing stratégique et opérationnel. Du marketing à l'orientation-marché*, 7e édition, Paris, Dunod, 2008.
- « L'analyse SWOT », in *European Commission*, consulté le 6 juin 2014. http://ec.europa.eu/europeaid/evaluation/methodology/examples/too_swo_res_fr.pdf

- LEARNED (Edmund Philip), CHRISTENSEN (Roland), ANDREWS (Kenneth) et GUTH (William), *Business Policy – Text and Cases*, 1re édition, Homewood, Irwin, 1965.
- MAYRHOFER (Ulrike), *Management stratégique*, 1e édition, Paris, Bréal, 2007.
- PORTER (Michael E.), « The Five Competitive Forces That Shape Strategy », in *Harvard Business Review*, janvier 2008, p. 23-41.
- ROUSSEAU (Benoist), « Analyses SWOT », in *ANDLIL,* consulté le 6 juin 2014.
  http://www.andlil.com/analyses-swot/
- VAN LAETHEM (Nathalie), « L'analyse SWOT : 10 conseils pour la réussir », in *Le blog de la stratégie marketing*, consulté le 6 juin 2014.
  http://www.marketing-strategie.fr/2010/05/15/10-conseils-pour-reussir-lanalyse-s-w-o-t/
- VARIAN (Hal), *Introduction à la microéconomie*, 7e édition, Bruxelles, De Boeck, 2011.

www.50minutes.com

Éditeur responsable : Lemaitre Publishing
Rue Lemaitre 6 | BE-5000 Namur
info@lemaitre-editions.com

ISBN ebook : 978-2-8062-5726-0
ISBN papier : 978-2-8062-5727-7
Dépôt légal : D/2014/12603/125
Photo de couverture : © peshkova

Conception numérique : Primento,
le partenaire numérique des éditeurs